kristin schulz

gesammelte fehlmärchen

gutleut verlag

kristin schulz

gesammelte fehlmärchen

gedichte

reihe **staben**

Lyrik
Schu...

Medea: Weinst oder lachst du Amme
Amme: Herrin ich
　　　Bin älter als mein Weinen oder Lachen

Heiner Müller

I

vor den enden das ende

1

mir nach! ins unterholz ins dichte rufst
du ich folge dir blatt um blatt und von
den fingerspitzen les ich den saum
der worte bevor sie in netzen der
spinnen sich fangen fremd wie die
färbung der bäume nicht tröstet
sondern dunkelt verwirrt auch
die bäume sagst du hüllen in rinde
sich unzugänglich bedrängnissen
eine widmung für spechte widersprech
ich – bedenke die ameisen leitsysteme
die steigenden wasser! die wurzel
allein sagst du kennt sich aus in
permeablen transitorien uns
fehlte der halt selbst die erde schweigt
tiefer sagst du und bist einen atem
voraus windflüchtig hält der
horizont abstand und dauert doch
ahnt die seele ein hut ein stock ein
klotz am bein hinke ich dir mir nach
mir nach! auf! ins ungewisse und
davon kommst du dir wieder und wider

2

komm wir gehen ängste füttern
den schal nimm den strick
haltbar bleibe die zukunft
und der rest ausweg unter dem
eis frieren die einen die andern
sind satt wolln kein blatt meckern
verrat selbst der himmel löchert
den trost aus allen schleusen
verhängt das schicksal den ausgang
außer ins feste grau: reiß dich
zusammen strick noch
sind die bäume nicht aus-
gestanden die schatten kennen uns
nicht doch sie winken uns zu

3

all deine fehlfarben bietest du
auf tarnungen windflüchte fenster-
simse gegen mein zustimmen meinen
bypaß mein zungenleck so bleiben
die o-ton-scherben zurück unserer
atemgespräche ›wie weh wie weh wie
wehe‹ sie stimmen sich nicht auf
die u-laute ein den kammerton
abwesen dauerhaft schweifend
sind monde und fahnen flüchtig
wie fernen dahin die gedanken eine
trübung der dunkelheit du trägst sie
wieder wie schatten umher die
haften allein meine blicke sagst du
hinterlassen dir flecken doch weckt
jeder kuß das vergessen die taube
verspricht sich verstehst du sie dennoch
bietest du kippschalter kellergatter uhr-
kästen auf dem wind dem kind die
antwort erteilst du ›immer zu immer
zu‹ unter verschluß ahmt dein mund
schweigen aber das herz rastet nicht
ein unser kind kennt die mücklein den
hafen von unten es rennt zu der pforte
›immer zu immer zu‹ verriegelt auch
hinten so steht es allein ganz allein baust

du dein haus aus flüchtiger ruh blut
ist im schuh wenn es stolpert und fällt
alles dicht hinterher selbst das fenster
trägt gelassen das kreuz dir verläßlich
und zeuge ›immer zu immer zu‹ schlägt
die zeit zu und niemals zurück:
verloren bist du

4

unserkind schläft. unserkind hat
die augen im blick das herz in der seele
und den tod im leib. unserkind weiß
nicht ein noch aus der haut ans licht
schläft seinen tod fest wie der morgen
den atem nimmt und das leben die
träume zum bündel schnürt versteckt
vor der nacht die trägt schwer keiner
wacht unserkind schläft. wir finden es
nicht die augen im blick das herz an der
kehle und das ende im leib. unserkind

5

ich bin so klein mein mut
allein am fenster kalt ich
werd nicht alt erfriern
selbst gott ist fern daß man
ihn einen herrn nennt
unter tieren auf allen
viern träumt mir im
schlaf vergeblich lebens-
müh den teufel hätt ich und
dreierlei wunsch im haar doch
der atem holt ihn nicht ein
den einen einzigen
mein

6

die falschen lieder
gesungen schlaflieder
vor es nacht ward im dunkel
den tag erhofft wenn die fragen
gut ausgehen sei willkommen
hier auf erden morgen
früh wenn gott will nicht

7

wenn das reisig nicht wurzelt ist der baum
schuld das mädchen hat keine tränen zu
verlieren wie sand am ufer gewogen und
für zu leicht befunden schlagen die anderen vor
doch immer schlägt sich das herz auf die seite der
wurzeln jegliche stelle hat ihren grund erinnert
sie sich löst sie sich nicht auf

8

sein mag
magst stein allein so
kaue ich worte zu
stroh spinne zum namen das
kind die fliege zur wand
zeugin bis der schlaf sie
einflicht ins vergessen
alle arbeiten geschehen
ungesehen über nacht kommt
hilfe hoffst du kommt wem
traust du das gold zu
stroh immer so
nichts anders
willst du

9

kein und aber
verliefen sich im
wald aber erschlug
kein und kein
kind nicht einmal
wind bliebe der
aber vertriebe

aber nahm fast sein
ende am ende eines
stricks doch hielt der
ast nicht was er ver-
sprach und brach

aber wie
lebt aber
ohne kein
sein
ende

10

von meinem tellerchen gegessen hast
du von meinen lippen getrunken hast du in
meinem herzen gesessen hast du vor mir
niedergesunken bist du vogel oder fels als
ich erwachte mein grab so kalt stand
still die welt bargen die berge die
schluchten flieh stein oder
steh: im tod erst
bin ich dir
sicher

11

blickst du zurück siehst
du die knochen nicht die
singen brüderchen komm
geh mit mir beide messer
gelten dir aber auch der
glatte stich kann die
wunde nicht retten liebe
heilt nicht vorm tod sie
flieht blickst du zurück
was siehst du die knochen
schreiben das lied in
die schatten lesbarer
abschied sieh hin
vor du vergißt

12 und 1 blöße

hunger und kammer
hält sich
fast immer

finger und jammer
lahmt mich
noch immer

pranger und kummer
reimt sich
für immer

enger und schlimmer
das löst sich
nimmer

13

verloren hab ich mein kind mein
herz wo ist mein bauch hab ich verlegt
ihn gestohlen die gans den handschuh
getauscht zur ader gelassen das glück
geopfert dem wegesrand leuchtet der
himmel heim oder fährt zur hölle die
sonne so schmal der mond kahl wie
das wort das das gehen verlernt auf drei
silben kannst du nicht stehen willst
du mich sehen so sprich verloren bin
ich mein kind ›so ist's ein versehen‹

14

die güldene sonne
springt über die klinge
wenn das talerchen rollt
schwitzt das messerchen
nur die großmutter kennt
noch den text auf der rück-
seite der stickereien oder
schläft sie schon satt
wie ein stein unterm
hexenstich senkt sich
der nabel einen atem
lang pein zu pein

15

magerchen worte zehren sich
nicht die kuh weiß davon wenn
sie ihr futter bekommt wie das
huhn der hahn rechtzeitig
bedient doch der wald schützt
dich vor einsicht nicht das licht
fängt die blicke hinter der tür die
keller immer gefüllt stehen besen
bereit und geschirr sind schwestern
rettung sind brüder verlust jede
pfütze ein spiegel die scherben
ihr himmelreich von unten
der betrübnis kein ende die tiere
kauen vor sich hin sprachlos die
knochen lassen sie liegen kennen
kein reh kein mitleid duks

II

post festum

16

das ende der haut sind
die nägel

sichelt der mond nimmt
das herz ab

eine nebensonne lang ändert sich
nur das wetter kappt

die verbindung die wunde
bleibt ohne

befund gültig das ende
der haut

17

eine wüste dein herz hat
mich ausgetrieben wind-
flüchter wiedergänger auf
der suche nach einem versteck
die sonne kein zeuge der durst
die beuge mein mund nur
auge vor dornen satt der
blick schließt sich
weit der tod
weiter so
weit

18

die namen will ich vergessen all die stellen
der lippen die sie bewohnten will lilien
bergen hinter den augen die steine
hüten in den einschlüssen der silben die
schwelle heizen und salz streuen gegen
den frost auf der weide dem weinberg im
hafen im hort so so und so kommst du
mir nicht davon unerkannt unter
den füchsen fischen und raben

19

dein verschwinden doppelt den tod
im leben kein verbinden dein verwinden
wirft aus dem lot so dicht hält die wunde dich
untertage und das herz rasselt dazu der atem
die letzte rüstung der haut

20

min vater der mich slacht min mutter
die mich aß wie quälst du mich so kenn ich
dich die fügung ohne ausgang bis der lauf
auf die knochen setzt haltbar das herz zieht
blutige kreise außer gefecht so quälst
du mich wie nenn ich dich mein freier
fall min schwester min marleniken
ist längst schon tot so fürchterlich
und ich wie singe ach ich vergaß
refrain und reim und stein

21

dein tod und mein ausjahr
mein kopfstand mein einjahr
mein stillstand mein zweijahr
kein aufstand ist auch wahr
im anfang das wort
ein flüchtigkeitsfehler
in reinschrift
wir setzen es
fort

22

schwernis mein schwarzkraut kein
trostkopf hinter den augen das klopfen
der nachbar ihm gehorchen die geräusche
der ankunft aufs wort im dunkel der
angst flieht die kohlmeise ihn oder
sieht sie mein flehen wenn mein mund
droht mit silben und fliegt auf und
davon wer zuckt der lebt doch
schwernis mein schwarzkraut bleibt
schwarzkraut hinter den augen kein
trostkopf wer erzählt es ist der tod

23

worte die in minuten wohnen ziehen
aus vorm winter wenn das licht
weiß wird unmerklich nimmt
die sekunde sich zeit für
den abschied all die aus-
gemusterten jahre über
bleibt nur der trauer
dauer

24

immer seh ich
dich in gedanken noch
blickst du die ruhe
meines lebens tot
bleibt tot

25

kein lebenswort
kein sterbenswort
über deine lippen
nur mein sterben
verrät dich
mein leben
lang

26

aus worten die notwehr
zimmerst du balken um
balken gegen mich jeder
schlag ins fleisch sitzt der
nagel die scherbe der schrei
ein versehen wer fällt bin
ich dein kreuz aber hält
mich wie tröstlich essig

27

wer will da meinen untergang wenn mir die tränen
fließen das wasser ist schwerer es fällt voraus in die
tiefe nicht einmal hände halten die schultern im sinken los
weiteratmen hab ich gesagt das wasser ist schwerer wie
könnte sich da widersetzen der atem wer stürzt fällt nicht
ins gewicht

28

dein echo tröstet sie nicht meine worte
sind allein meine worte vielsagender
zäumst du die blicke auf doch fürchten
die augen der götter verderblichen rat-
schluß sie lesen ihn gründlich die guten
ins kröpfchen und das ist der daumen der
schüttelt die tauben aus den träumen ins gras –
schluckst selbst den tod so satt du ihn hast

29

weitersagen nichts als übrig
bleibt dir weitersagen nichts
als übrig bleibst du weitersagen

30 oder post festum

ich lebe in einem hausaltar ein falscher
flügelschlag und er geht in die knie tauben-
atem gegen fensterläden kein ofen schlägt
den winter in die flucht kommen werden
und bleiben unbeteiligte die postkarten
haben kinder in ihren briefmarken nicht einmal
schweigen kennt deinen grund und das erinnern –
immer küssen die einen einmal zu oft und du
vergißt zu welcher hochzeit du geladen
bist wenn du stab brichst oder kreuz
ohne andacht und einkehr und –
schrein bleibt schrein

(aus der tiefen herr)

III

schattenrein

31

mein armes müdes schwester-
herz in deine hände meine
wände lege ich sie
quälen sich kaum reste
ins feste kein schlag mehr
das beste

32

mein fieberchen willst gnädig sein den
garten schenk ich dir läßts licht herein den
innenschein so bleibt er unverwunschen
hier das liebe lange jahr bewacht läßts nicht
herein zur pforte klein so blüht er schwarze
fingerchen der nacht dem mond es mäht das
blickscheue gestein keiner deckt es keiner
steckt es mein fieberchen siehst du es ein der
garten ist dein grab so leg ich denn auch mein
gebet in dunkle gründe ab von angesicht zu
angesicht es leuchte wers vermag doch wer
so weit nicht atmen kann der hat den himmel
unter sich und hinter sich die zeit

33

mein lukenleben hat keinen ausgang außer
in dir kam ich gerannt schwesternlos erste
kein hund keine katze kam mir zuvor unter
den augen war ich versprochen und hatte
nicht einmal zweige gebrochen seitdem fordert
der tod mich verläßlich für sich spaltet der
kopf die gedanken in kerbholz rahmen die
küsse auch kälte nur das vergessen schöpft
aus dem vollen kennt mich auswendig dich
lehrt dem geduldigen wachsen die haare
zum seil in die tiefe wann aber verläßt
der schatten das licht vollständig und
verlischt wie lange ist mir schon bange

34

wer nimmt den himmel an
die leine das blau kläfft
unverwandten blickes selbst
die wolken jagen davon
nicht einmal tauben behaupten
sich länger unter der aufsicht
beißenden windes wie
die espen erschrecken so
kleinlaut die braut kein
segen nur regen was
die wunde versprach
hält sie nicht

35

brot einen kanten für
die spatzen und tauben
der vorrat antworten auf
dem grabstein augentrost mager
worte für den tod er schluckt
sie nicht versteht sich
von selbst unbeteiligt
lecken die katzen die
pfoten laufen davon
leise wie
gras

36

der abend schickt drachen mit langen hälsen und
feuerschweifen verläßt der himmel den raum bleibt
für sich nur als dunkel morgen früh wenn gott
will weinen und wachen die kinder doch wer
singt die mütter zu trösten: aus angst machen
die kinder sich drachen die lachen doch die
großmütter drehen sich um sie kennen das ende
vom lied vor ihnen singt es der tod

37

brütet das schweigen dich aus
willst mich versäumen
mitsamt den

blinde kuh antwortest du
ist das dein warnen
kommst du nicht weit

dein sehnen ist wähnen
nur dein schatten läuft
mir noch nach und

verläuft sich
bissiger hund
jammerst du mich

38

wer schält die nuß wer
kennt sich aus in kernen
und gehäusen wohnt
immer der tod der stief-
mutter liebstes kind beißt
ins grüne grüne gras das
wächst so weils muß brot-
kleid und brautleid brav
ist wers tauscht bleibt

39

dein grün
die letzte festung
der täuschung mein
herz so weiß
die lüge weiter
und wie

40

die worte ausgetrieben aus
der haut dem hut verkehrt
bis aufs blut was du dir
nicht träumen läßt geschieht
langsam sicherer auftritt
und abgang maßliebchen
ophelia manche fragen
enden auf ja

41 | überherz

nimmst du mir übel die
jammerlage leises ziehen
linksseitig hungersitz rück-
wärts dasselbe auch im
kummerstand keine neigung
zu ahnen die ab- und zufällig
wäre wer hinterher ist
verliert

42

in den händen nisten die sorgen werden
sie flügge bleiben sie doch um den verstand
bringst du mich nicht übers herz springen
sie auf die treppe wohnen über den schatten
flüchtige hauskörper im verhalten beweglich
und finden doch kaum über die schwelle ins
licht vergebliches winken selbst die klinke
führt immer davon wenn der hahn an-
schlägt hört die meute schon weg aus scham
hält das haus keine tür universum des
flüchtigen so ziehst du von dannen steif
im genick vonwegen segen singst du kein
morgen kein sorgen nur ebbe und flut
kein zurück

43

die hand ins grab
hinab ziehst du mich
beklemmst du nicht
tod auf zwei füßen
kann man nicht stehn
nur runden drehn jetzt
sind wir schon zwei
einerlei wer fehlt
verfehlt dich nicht

44

abend ward bald kommt
der tod wegwarten unverhofft
auf müllhalden wegwarten
das blau weg-
warten bis es schließt
schön schwarz
die nacht

45

der schnee ist der schatten der
bäume weiß tragen sie ihre trauer
davon tag- und nachtgleiche steht
dein gesicht unbewegt seine zeit
durch mit lippen die brechen augen
die stechen unter der wurzel beginnt
das jahr ewigkeit kreisen die häher
in obacht zu viele schichten zu viele
späher doch kein atem der sie verriete
sein blau kalt wie der schnee den schatten
der bäume auffängt wieder stehst du
still wieder starrst du den himmel
herab aus dem loch nichts als weiß
ist die trauer kenntlicher noch im
schatten der trügt tag um tag

IV

stille körper

46 | die ordnungen der kühe

auf der weide dem fell das
manöver der mauersegler
regenlöcher auf den feldern
pfützen auf den wegen die
streuung der wolken und die
antwort der bäume auf die alleen
paarweise kreuzgewölbe sind
büsche einzelgänger im binde-
gewebe der felder himmelschlüssel
und hirtentäschel in loser blühfolge
nacheinander

wissen die bäche von den
tröstungen an der quelle oder
ihrer mündung sind lichtungen
kessel schonungen fessel das auge
blickt es das herz schickt es die
wege zurück zu den fragen und
das kind hebt den brustkorb eine
last mehr auf der stirn die
schläft nicht im zweifel haben
selbst wolken drachenmäuler
vor dem skelett des himmels

47

symptome addieren unterm
strich das ende einstellig
zählst du blind so rechne ganz
mit mir in den hyperbeln
und asymptoten lege ich
schlingen ergänze das minus
zum kreuz kürzt nur der tod
sich die aufgabe in der konstante
leidest du endlich oder
unendlich

48

die unschuld unwissender körper
alle zeichen in ruhe bis sie
sich regen regen bringt wehen
wer um den aufschub nicht weiß
kennt den segen der frist
erst im nachhinein
verbannung mein los schwester
wie gingst du vor mir
aus deinem leib wie nur
hieltest du dich am leben

49

salzsäule salzsäure
frauenlos hat
keine wahl außer
salzsäule salzsäure
raus bist du

50

immer sitzt das kreuz
im rücken die eine
verwundbare stelle wie
oft sie sich umdreht
es ist schon geschehen
die linden duften wie
jedes jahr

51

zur morgennot
kommt das gefälle den
bach runter an die quelle
winterhart standorttreu
schwemmt dich der frühling
davon zur neige siehe
kein morgenrot
siehe

52

aus voller kehle stillst du
die nähe indem du sie
löschst mit schweigen
und moos die ankunft
verkündet den hinterhalt:
außer gefahr sind zunge und
lenden erst auf der flucht
wie der atem die sinne jagt
auf die lichtung die zweige
deuten voraus einer genügt
zum verrat meine taube mein
reh lähmt sie wer zähmt

53

grau grau sind alle meine grau du
singst sie nicht die kleider grau
du faßt sie nicht mein leib grau
du siehst ihn nicht mein herz grau
du birgst es nicht mein himmel
grau du hältst ihn nicht die worte
grau du frißt sie nicht

(verschwinde ich)

54 | in versuchung

in fahnenfurcht ist der atem
schneller und stellt dich an
die wand verrufen geschick
wie gerufen du kommst kein
stichwort außer dem blick verrät er
ans fenster dich hält leere den
galgen und wechselt das stand-
bein sinkt er zu boden black out
of heaven so herrscher des
himmels erhöre das fallen
wenn dich dein zion mit
psalmen erhöht

55

gevatter vor der tür wer
hat ihn eingeladen wer ihm
den weg gewiesen wer den namen
genannt und warum kümmert es
niemand gevatter unter uns nachbarn
die grüßen gefällig selbst das wetter
hat ausgang und stiehlt sich wie nur
wie komm ich davon vor er merkt
dies herz ist nicht länger bewohnt seit
seinem überfall bleibt doch mein
leben ihm zäh ergeben

56

hell hilft nicht
vorm warten im
dunkeln wer innen
lebt hat keine hand
frei zu malern der
himmel stößt sich ab
ein blauer fleck
der haut
mehr

57

nichts keinsilber du
mein ohnmachtsfluch alle
worte hast du geschluckt gehst du
nun trächtig davon krümme ich
eigene haare doch blühen sie aus keine
sichel legt mir dein halbherz nahe
nicht einmal wünsche beugen sich
wimpern wenn das auge erlischt ohne
träume im abseits – gesammelt sind
schon die stiche deiner krone beute
nicht ernte bin ich ungesagt
ganze silbe nichts als

58

mein täglich not vergib
mir heute und gib mir
die zähne zum antlitz
sie leuchten von ewig-
keit zu seligkeit wie im
himmel so im sterben
erhebst du mich kennst
du mich nicht am fallen
wie ruhig mein blut
lässest in frieden du
mich zur ruh

59

offensichtlich tod
ist trumpf doch
jedes wort bleibt
eine blöße zuviel
trotz versteck

60 | geordneter rückzug

leicht ist das glück und gleitet so
leicht aus der hand gibst du dich keinen
augenblick stromlinien ziehn das gesicht
ins verschwinden so schont uns der
schleusenwart vor übermut rauben
wir nächtliche stunden tauschen zur
klärung die richtung norden ist
wo du nicht bist wo krähen stieglitze
treiben doch grüßt die geschichte auf
der treppe oder im hof immer die
wände auf deiner seite sie halten dicht
wie der himmel sich überhebt am wechsel
von wolken und licht es ist zeit – die
worte fällen die schatten am morgen
neckar und donau verwechslung in sicht
signale von kraftwerken wir lesen sie recht-
zeitig führt der weg in das dunkel schickst
du die sinne davon finden sie wie die katze
aufs land zurück lange schon zieht es dich
hin auf die seite der tiere der blick zum
palast löst das rätsel nicht auf: worte im
hellen fragen wie wie geraten selten oder
schluckt uns das echo die stellen vom
hals von der seele das hohelied redest du uns
der vernunft ›seinesgleichen geschieht‹

V

nach den uhren

61

das wird schon und
geht seinen gang
pferd ernte winter
all diese kutschersworte
übers jahr vom stall und
der herde der weide dem hof-
tor rationen zuversicht täglich
vorhersage von mäßiger
aussicht und wetter
darunter der regen als
regen geradlinig weichen
die furchen ihm oder
ihr zur genüge geduldig
kann sein wer die spanne
des wartens nicht mißt in
den muskeln zaumzeug und
halfter spielen gedanken
die worte dafür längst unter-
gepflügt die spreu vom
weizen trennt erst die
erde was hilfts

62

als die brüder noch brüder waren die felder
bestellten gingen die geschichten noch aus trotz
ihrer ungleichen stellung der schlaf war der
hüter der brüder geräumig genug die ofenbank
für den jüngsten den zagte es nicht sonne und
regen hielten sich an ihn in lauf und bahn
schickte der vater ihn in die welt doch wenn er
begabt genug war und bestand wie kehrte
er dann nach hause zurück ohne furcht vor
dem kreisgang der not so gingen die enden
im guten auseinander ohne dem jüngsten das
schicksal zu wenden ofenbänke vererben sich
nicht außer haus die narbe in der rinde
längst verwachsen

63

verrat die stelle
zu graben im brunnen
die kröte das kind
zu befragen gefällt dir
das loch ist tief
genug schon
schmerz genug
rettet das haar
dich wächst über
wiese und weg es
überlappt wer
beide betritt geht
und zieht sich
zurück vielleicht
überlebt

64 | dickicht

kein blickfang
der ablenkt wo die not groß
ist klein das versteck
hämmert das herz verrät
die zunge es leichter im
holz lebt niemand den
zu erlösen die zeit
nicht eilt blind und
taub nach den uhren
gehen die kinder
davon

65 | für s.

keine frohe botschaft weckt dich
aus der ruhe des schlafes so
bleibst du ungestört wie die bäume
stehen und warten und der wind wie
er vorbeizittert du aber liegst sicher
wenn auch die wache wechselt still
hören sie dich länger im dunkeln
tasten wir die gedanken ab
knöchern halten sie uns kaum
aus den löchern die tiefe hört
wenn wir sie rufen nicht auf

66 | für m.

in längengraden hausen
unterschiede züchten
tiere und unbefestigte
wege macht ferne dich sicher
treibt nähe dich aus
den fahndungsgebieten
des herzens davon
eine nacht ohne reim ein
jammer vergeht sie in
ordnung versteht sie von
selbst sich nicht mehr
erinnern schützt nicht
vorm morgen blendet
das licht so bleibst du
zurück hebst deine seele
nicht mehr vom fleck
and all the king's horses
and all the king's men
couldn't put you
on the way close again

67

die schatten ausgeben wie kleider
sie tragen ins versteck und ein-
schlagen die nacht in das dunkel
verfolgen die nachricht vor der
verwechslung in gnade hüten die
augäpfel brüten nennst du mich
rotkehlchen flammenstirnchen eine
spur südlicher der kuckuck bleibt still
kennt keine verneigung der herr
ruht doch wenn der ast bricht
ist das nest ein fall in die fremde
die igel atemlos zählst du nur tot

68

stirb nach mir mein kind mein
einzig gebet versprochen mein herr
der raschen lippe diener nicht bin
ich dir nahe so löse mich ein sonst
lös ich mich auf trügt mein gehör
mich kein echo empfang ich die
botschaft schafft not so müßig die
hände sie streifen die haut ab kein stein-
brech in sicht kein maßlieb ich kenne
die wand und die sie bewohnen ja
es war mord die stille gültig wie je und
dies habt zum zeichen lästig das wort

selbst der hund liegt begraben säumst
du so fehlt er findet keinen ort ohne
grab gehen die toten leer entfällt die auf-
erstehung außer haus kein hüter zäunt
den pferch setzt gräser und hecken weit
übers land legt sich die sorge ich sehe
was das spürst du kaum so satt die
sonne nimmt sie mein blut gehet hin
und hinterläßt nur ihr schwinden säumst
du noch länger wird der horizont klamm
bis das dunkel ihn übertritt vergebliche
wiederkehr leugnet der hund

70 | für a.

von nöten umgeben locktest
aus der falle du dich allein
in die spur der kürzeste weg
ist die widmung saaleabwärts
auf der flucht ein nest von
wasserratten kein ausweg dein
einziger strohhalm die stimmen
im kopf unzählbar im schall-
dichten ort der dich verließ
verließ dich ohne sie davonzu-
jagen so gehorchen sie dir ganz
aus nächster nähe ohne zu folgen
warst du allein so im tod

71

wenn der stein atmet hängt
das herz an der wand wenig
rüstzeug zum überleben
vielleicht die ballung
der wolken: löst der regen
die wut löscht die erde
die flut kein riegel die losung
der tod diese undichte stelle
sie spült schon davon

72

mein fingergroßes leben
dein ellenlanger tod
jede nuß rechnet mit
der härte des winters
und zieht sich zurück
wer die klopfzeichen hört
kennt das dunkel von
innen färbt es den kreis

73

im garten die seligkeit verwehrt
den zweck verkehrt zu langsam
kein baum bemerkt unsere
nähe aus holz jedes kreuz
jeder splitter bricht aus dem kern
der erkenntnis die wunde

dringen wir in die wahrnehmung
ein der bäume schließt uns der
stamm wieder aus jahresringe jenseits
des gartens legen wir an
rüsten das herz mit hader
und harnisch ach lieber heinrich

hält keine rinde uns mehr
vor der verwandlung
zurück

74

die langen briefe aus letztem
atem ausfallschritte der gedanken im
schnitt werden sie zäher bevor
sie verzagen im äußersten morgen
sind durchscheinend anrede ausrede wie
das licht die restposten räumt die
träume steine und sorgen all diese
mitbewohner schulterreiter auf
schiefer gerade kein halten nur
wetterhähne weisen dem himmel
irdische richtung beschwert hängt
der briefkopf dazu in der luft vor
lauter fragen leise geworden das
stolpern so müde der weg die erde
so nah

75 | standbild, erwidert

zu spät die nachricht
ist gültig wie die eule eine
eule ist und heulen ihre wendung
vor dem taglosen schrei an den
enden des überlebens sitzen
die katzen und diktieren
listen in die kopfkissenbücher
dort schlägt das herz an den rand
der erinnerung: vor dem
entschwinden blicken sie in
die zukunft und gleich darauf
auf dir in die augen zurück

für c.

Will there be a last letter?

Chris Marker

inhalt

I vor den enden das ende

1 | mir nach! ins unterholz ins dichte rufst | seite 8
2 | komm wir gehen ängste füttern | seite 9
3 | all deine fehlfarben bietest du | seite 10
4 | unserkind schläft. unserkind hat | seite 11
5 | ich bin so klein mein mut | seite 12
6 | die falschen lieder | seite 12
7 | wenn das reisig nicht wurzelt ist der baum | seite 13
8 | sein mag | seite 14
9 | kein und aber | seite 15
10 | von meinem tellerchen gegessen hast | seite 16
11 | blickst du zurück siehst | seite 17
12 | 12 und 1 blöße | seite 18
13 | verloren hab ich mein kind mein | seite 19
14 | die güldene sonne | seite 20
15 | magerchen worte zehren sich | seite 21

II post festum

16 | das ende der haut sind | seite 24
17 | eine wüste dein herz hat | seite 25
18 | die namen will ich vergessen all die stellen | seite 25
19 | dein verschwinden doppelt den tod | seite 26
20 | min vater der mich slacht min mutter | seite 26
21 | dein tod und mein ausjahr | seite 27
22 | schwernis mein schwarzkraut kein | seite 27
23 | worte die in minuten wohnen ziehen | seite 28
24 | immer seh | seite 28
25 | kein lebenswort | seite 29
26 | aus worten die notwehr | seite 29
27 | wer will da meinen untergang wenn mir ... | seite 30
28 | dein echo tröstet sie nicht meine worte | seite 30
29 | weitersagen nichts als übrig | seite 31
30 | 30 oder post festum | seite 31

III schattenrein

31 | mein armes müdes schwester- | seite 34
32 | mein fieberchen willst gnädig sein den | seite 34
33 | mein lukenleben hat keinen ausgang außer | seite 35
34 | wer nimmt den himmel an | seite 36
35 | brot einen kanten für | seite 37
36 | der abend schickt drachen mit langen ... | seite 37
37 | brütet das schweigen dich aus | seite 38
38 | wer schält die nuß wer | seite 39
39 | dein grün | seite 39
40 | die worte ausgetrieben aus | seite 40
41 | überherz | seite 40
42 | in den händen nisten die sorgen werden | seite 41
43 | die hand ins grab | seite 42
44 | abend ward bald kommt | seite 42
45 | der schnee ist der schatten der | seite 43

IV stille körper

46 | die ordnungen der kühe | seite 46
47 | symptome addieren unterm | seite 47
48 | die unschuld unwissender körper | seite 47
49 | salzsäule salzsäure | seite 48
50 | immer sitzt das kreuz | seite 48
51 | zur morgennot | seite 49
52 | aus voller kehle stillst du | seite 49
53 | grau grau sind alle meine grau du | seite 50
54 | in versuchung | seite 51
55 | gevatter vor der tür wer | seite 52
56 | hell hilft nicht | seite 52
57 | nichts keinsilber du | seite 53
58 | mein täglich not vergib | seite 54
59 | offensichtlich tod | seite 54
60 | geordneter rückzug | seite 55

V nach den uhren

61 | das wird schon und | seite 58
62 | als die brüder noch brüder waren die felder | seite 59
63 | verrat die stelle | seite 60
64 | dickicht | seite 61
65 | für s. | seite 62
66 | für m. | seite 63
67 | die schatten ausgeben wie kleider | seite 64
68 | stirb nach mir mein kind mein | seite 65
69 | selbst der hund liegt begraben säumst | seite 66
70 | für a. | seite 67
71 | wenn der stein atmet hängt | seite 68
72 | mein fingergroßes leben | seite 68
73 | im garten die seligkeit verwehrt | seite 69
74 | die langen briefe aus letztem | seite 70
75 | standbild, erwidert | seite 71

biografie

kristin schulz, autorin, übersetzerin, literaturwissenschaftlerin, geboren 1975 in jena/thüringen, studierte neuere deutsche literatur, theaterwissenschaften/kulturelle kommunikation und französisch an der humboldt-universität zu berlin. seit 1997 veröffentlichte sie gedichte und prosa in zeitschriften und anthologien (u.a. moosbrand, edit, tip, theater der zeit). ihr theaterdialog *großkorbetha* gewann 2000 den preis des autorinnenforums rheinsberg. *das ende der schleife ist der anfang vom knoten* (gedichte und prosa) erschien in *expedition lunardi*, berlin 2004. 2005 veröffentlichte sie ihren prosaband *das elsterneinmaleins*, tisch 7 verlagsgesellschaft köln. im selben jahr schrieb sie ihr libretto *monolog an der oberfläche der haut bevor es sie erreicht* (für *transSphären*, dresden-hellerau, komposition: karoline schulz). 2010 kam ihr theaterstück *vws der findling*, oper dynamo west, zur aufführung (regie: janina janke, als text erschienen frankfurt/oder 2011).
aus dem französischen übersetzte sie u.a. christophe huysman: *die heruntergestürzten menschen* (*les hommes dégringolés*, in: *scène 8. neue theaterstücke aus frankreich*, hg. von barbara engelhardt, verlag der autoren, frankfurt am main 2005), jean genet: *ein verliebter gefangener* (*un captif amoureux*; zusammen mit ulrich zieger, merlin verlag, gifkendorf 2006), claudine galea: *die nacht vonwegenangst* (*la nuit mêmepaspeur*; für das thalia theater halle 2006, stipendium der association beaumarchais,

paris), philippe malone: *das gespräch* (*l'entretien*, in: *scène 11. neue französische theaterstücke*, hg. von barbara engelhardt, theater der zeit, berlin 2008), jean-rené lemoine: *erzuli dahomey* (in: *scène 13. neue französische theaterstücke*, hg. von barbara engelhardt, theater der zeit, berlin 2010), philippe malone: *septembren* (*septembres*, für das thalia theater halle 2011, mit unterstützung von *transfert théâtral/theater-transfer*).

1998-2011 war sie mitarbeiterin der heiner-müller-werkausgabe, hg. von frank hörnigk, suhrkamp verlag, frankfurt am main. seit 2002 als wissenschaftliche mitarbeiterin am institut für deutsche literatur der humboldt-universität zu berlin und seit 2008 als leiterin des heiner müller archivs / transitraum beschäftigt gab sie 2011 *müller mp3. heiner müller tondokumente 1972-1995*, alexander verlag berlin (deutscher hörbuchpreis 2012) sowie 2013 (zusammen mit martina hanf) die gesammelten gedichte thomas braschs: *die nennen das schrei*, suhrkamp verlag, berlin, heraus. im sommer 2014 erscheinen die von ihr herausgegebenen sämtlichen gedichte heiner müllers: *warten auf der gegenschräge*, suhrkamp verlag, berlin. ihre dissertation *attentate auf die geometrie. heiner müllers schriften der »ausschweifung und disziplinierung«* erschien 2009 im alexander verlag berlin.

gesammelte fehlmärchen | kristin schulz
herausgegeben von michael wagener

1. auflage | 2014
© gutleut verlag | frankfurt am main
reihe **staben** [band 01]
alle rechte vorbehalten

ausstattung und umschlag [unter verwendung von arbeiten
von sabina simons]: gutleut verlag
gesetzt aus der din und der din-condensed | gutleut gestaltung
gedruckt auf schleipen werkdruck, passat chromoduplex gd2
und circle*offset*
druck und verarbeitung: steinmeier | deiningen
printed in germany

gutleut verlag | kaiserstraße 55 | d-60329 frankfurt am main
mail@gutleut-verlag.com | www.gutleut-verlag.com

isbn 978-3-936826-72-2